D0925586

Sea Creatures
ACTIVITY BOOK
for Kids

This Book Belongs to:

o? FIND 5 DIFFERENCES

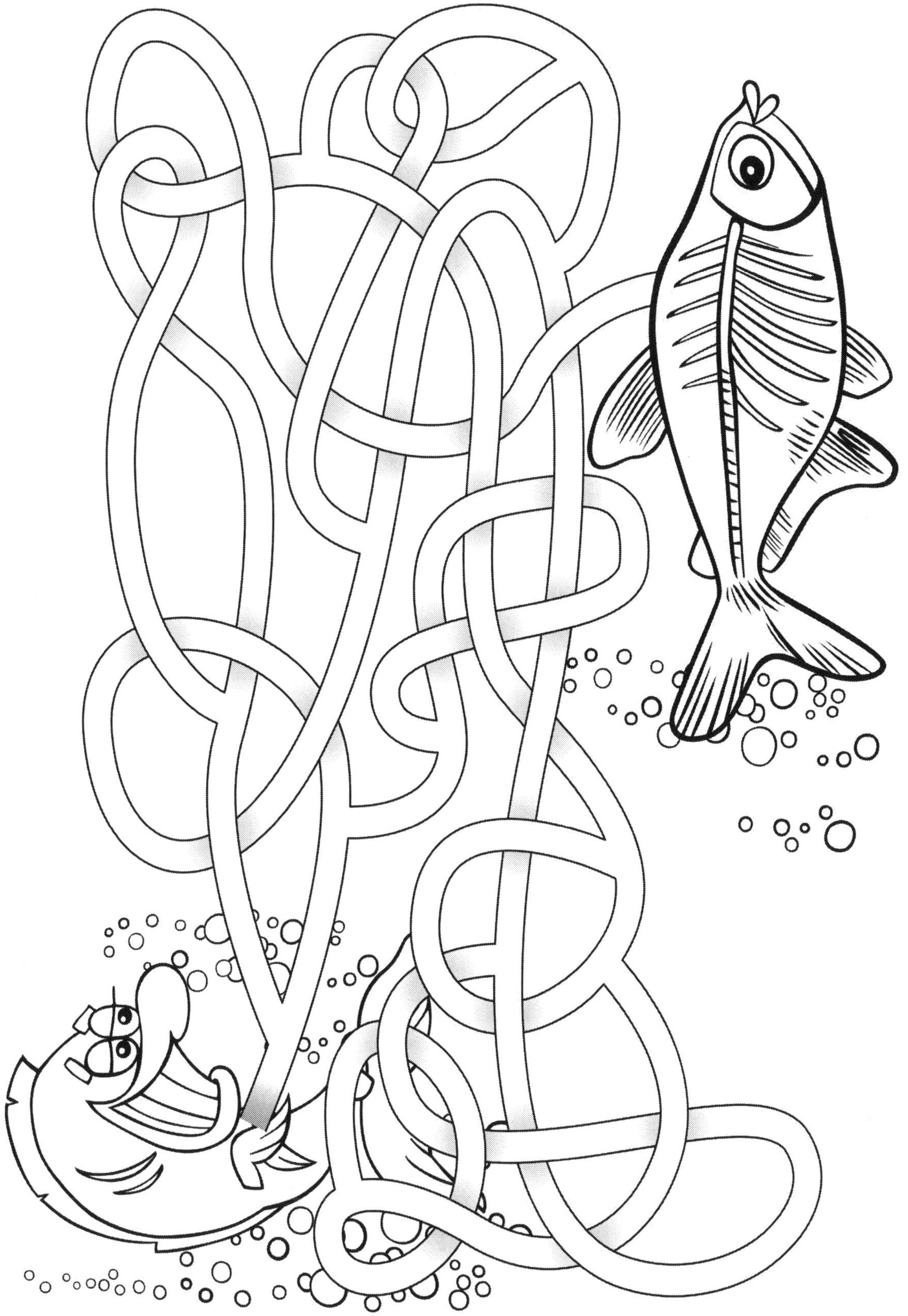

Word Search

```
W T P C W M J F B W F I I W F P Z L
L R H B I R V V R A X T Q J A H C T
B V P O Y O L W U K O T P E I B U J
Y U S W R J X H A L S M B L J W Q F
U H E T P S X N A R W H A L C N X T
I K L C A W E T P C W V V Y K S C U
Z N N A S R F J P E V M D F X E Y N
T P M J L Q F S M R Y J C I Z A M A
X N G Y C Y U I C N N C O S R U P Z
L C V N B G V I S H H Q W H R S I E
N M H R V J D N D H H S P J I A S I
J L P S T F Z N T Y J N Z I T H M Q
```

Find the following words in the puzzle.
Words are hidden → ↓ and ↘ .

HORSE   SEA   TUNA
JELLYFISH   SQUID
NARWHAL   STARFISH

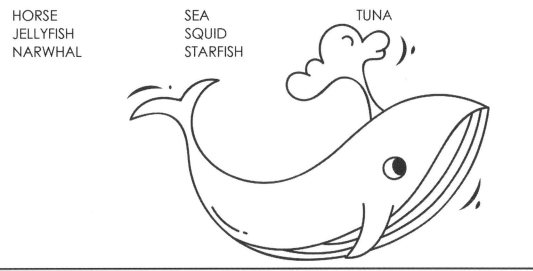

1
2
3
4
5
6
7
8
9
10
11
12
13
14
15
16
17
18
19
20
21
22
23
24
25
26
27
28
29
30
31
32
33
34
35
36
37
38
39
40

O? FIND 7 DIFFERENCES

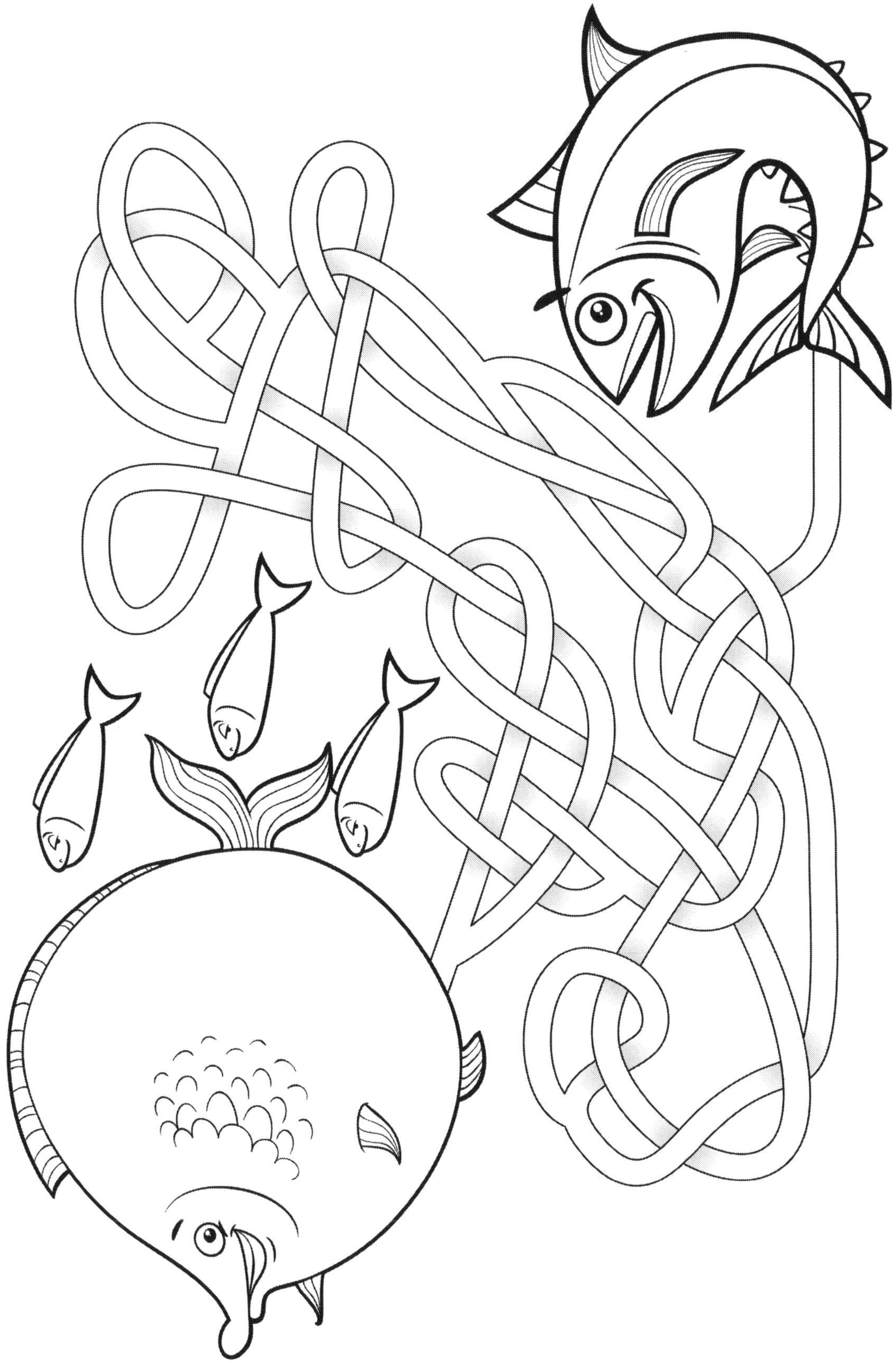

Word Search

```
N X I S V Q C S R V B T U S U B L D
Y M X W B G K U Y X G K T H L B D K
M X T S C S C Y T W L U M A W M C I
L R E H W F O S R T H E L R M D O F
D Z S R S J Q T G Z L A M K Z L R I
L U R I O G L M G V E E L E W T A A
X F C M A C A Z Z N M U F E N L L R
Q C R P T J X Z N Z O I K I Q M S E
K B M B T F R S M C D A V W S A A H
I D I U S D U M Q Y A D B Q S H J C
Q I V E M P E R O R J J E U U W G W
H Z D M Y L O B A R R A C U D A Z I
```

Find the following words in the puzzle.
Words are hidden → ↓ and ↘ .

BARRACUDA   EMPEROR   WHALE
CORAL   SHARK
CUTTLEFISH   SHRIMP

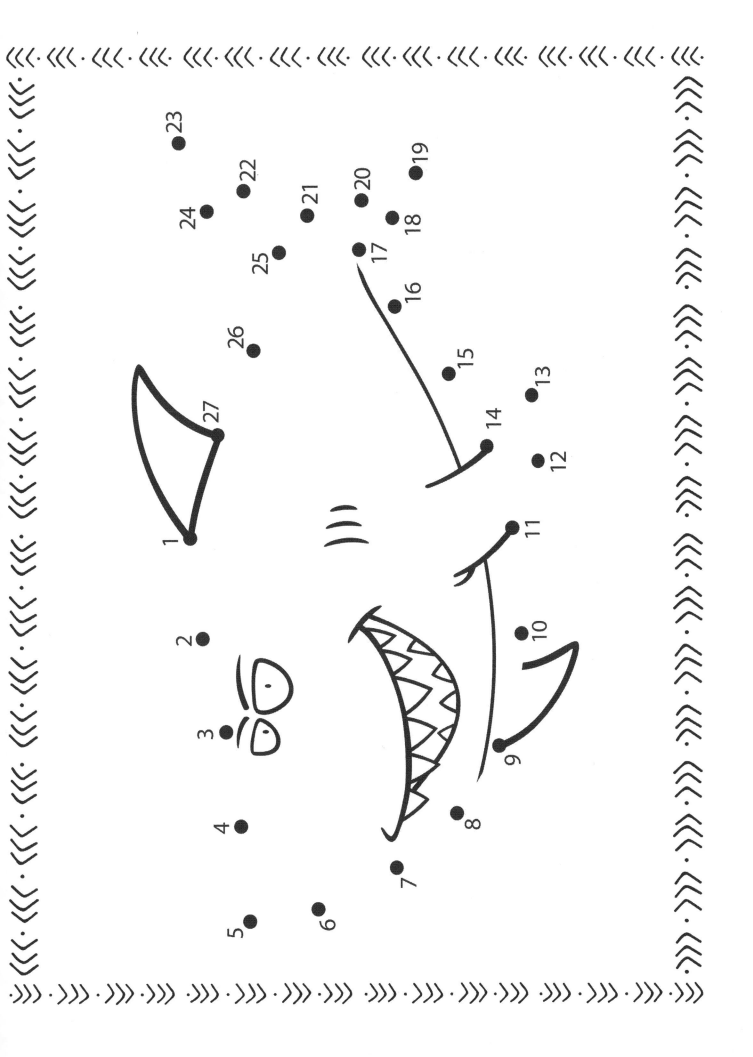

O? FIND 10 DIFFERENCES

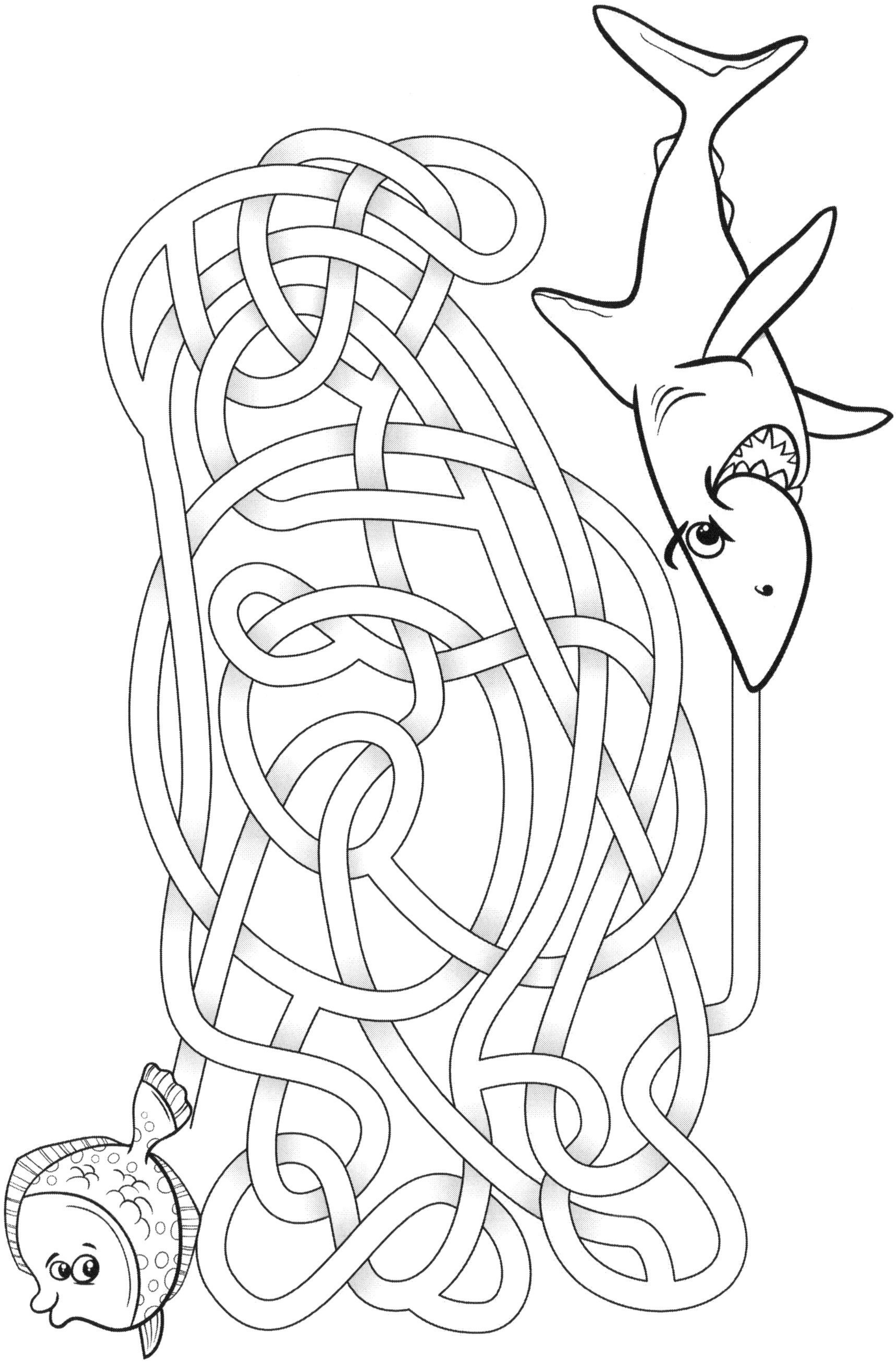

Word Search

```
S L Q S E J R F Q L F U P G S N J E
L X L X C U E I B R D I E R R Q B G
M A Z Z A K M L F A Z B O E G O N I
Z I C C L I W O T D J V A N C H A
K N R O Z Y E L E C X G C T V T T N
K C L S N U V C L B W H A L E O Z T
Y C B F S Z Q K C E X Y F T C P F J
P Y L U H B S Q U M R C Z B A U M Z
O Z K A K W H I T E K O H J A S B R
L Q H N M D E L V A V M Q H F P I P
K M Q P Y W J B T E B O B T F B O R
L L N S E S S Y N F A X R N P V I I
```

Find the following words in the puzzle.
Words are hidden → ↓ and ↘ .

CLAM   KILLER   WHITE
GIANT   OCTOPUS
GREAT   WHALE

O? FIND 7 DIFFERENCES

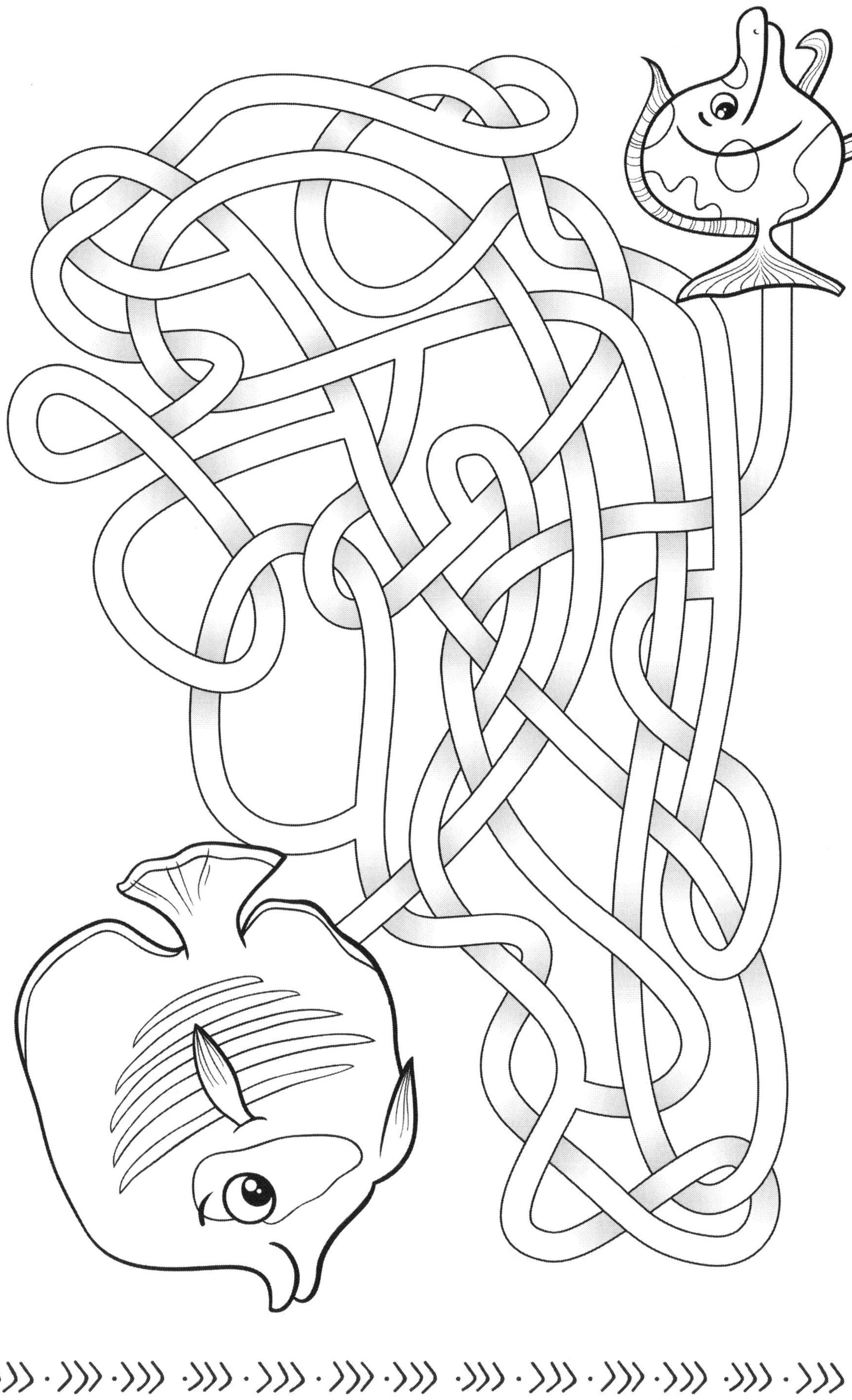

Word Search

```
W H T Q Q N U D Z S E A S Z W T C P
O I U I N B A O U V M K A T W V L S
Z C R N R U W X R A K X U A I Q C E
K L T X Z S R R R V D L N C P N N A
I B L Z C R P U A I L M Y N A F G Z
G F E G M A R L I N P U I V R X A Z
S Y V K A Y X I Q X J F B B L U E I
Y Q U H U B Q Y C D M Y X R B C W G
N F S L Z J H X V W A Q D N F G N T
I R F T Q B M I V T M Q V M Q Y Y T
A Y Q Z D Z A I S D I K H U K T W B
L I O N H R G P V O A J H P X D J C
```

Find the following words in the puzzle.
Words are hidden → ↓ and ↘ .

BLUE   RAY   TURTLE
LION   SEA
MARLIN   STING

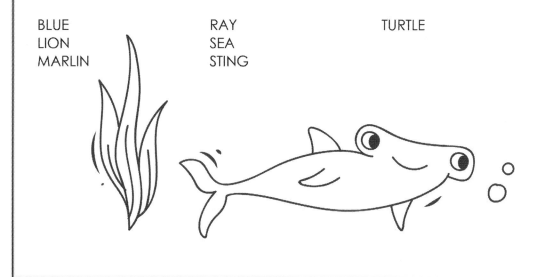

O? FIND 6 DIFFERENCES

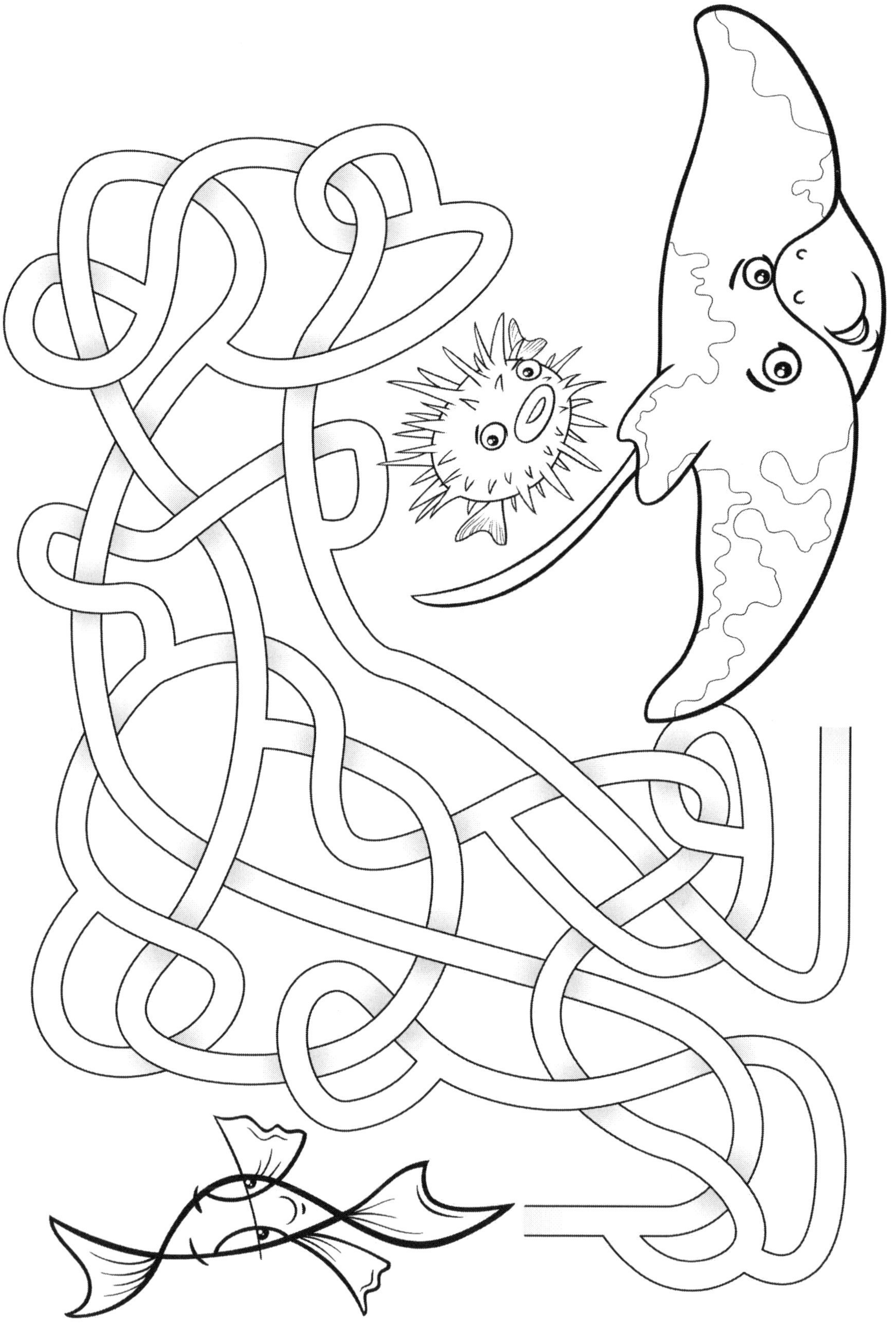

Word Search

```
V W G M G S Z N P Y H W P H I K D E
S P G Y J F O Q A U N G H U D V B W
T I R F U I N V R P Z P Y A T T Z J
S N N S H Q F I A V D A I S L T N Q
L K T F O A E Z Y L K S Y A M E X U
T L K M L M L A H O V O A L W H W Y
R N K T V M A I F C T L C M O O L E
T S L M W U P N B H R F Q O P E H W
O B T Z C T E F T U O A Y N Z O B C
W L D P T Y Z T M A T D B S F X M O
F L O U N D E R F Z L R Z J Y V L U
N F S Y J Y R R S W H I T K R A S O
```

Find the following words in the puzzle.
Words are hidden → ↓ and ↘ .

CRAB   MANTA   SALMON
FLOUNDER   PINK   WHALE
HALIBUT   RAY

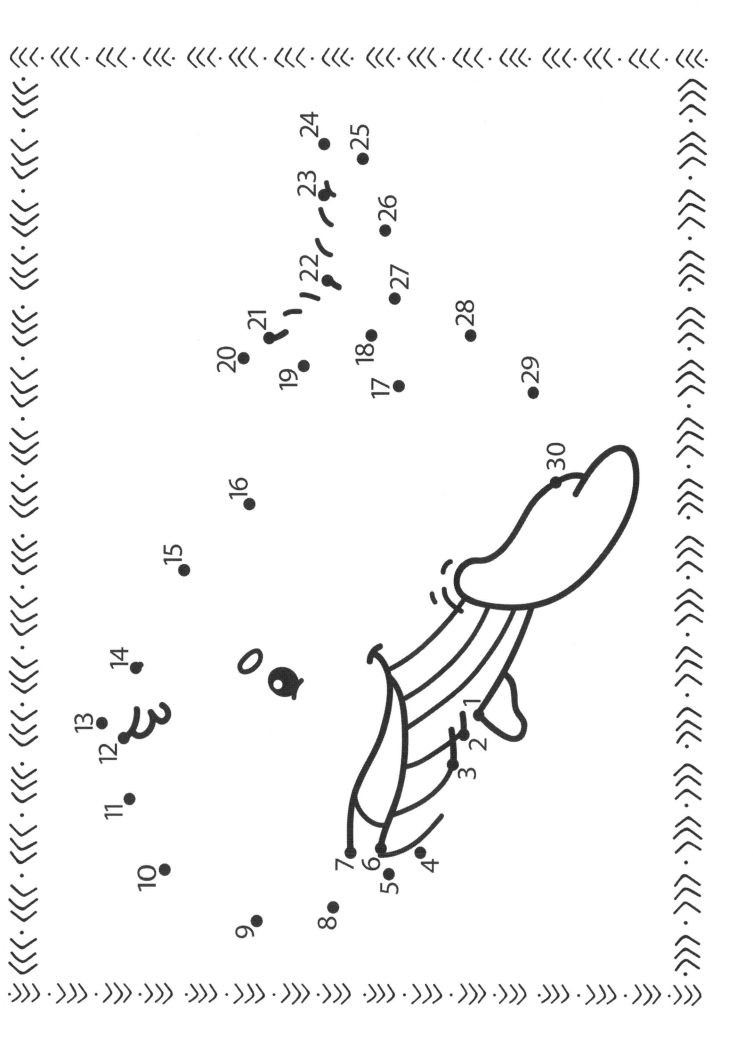

O? FIND 6 DIFFERENCES

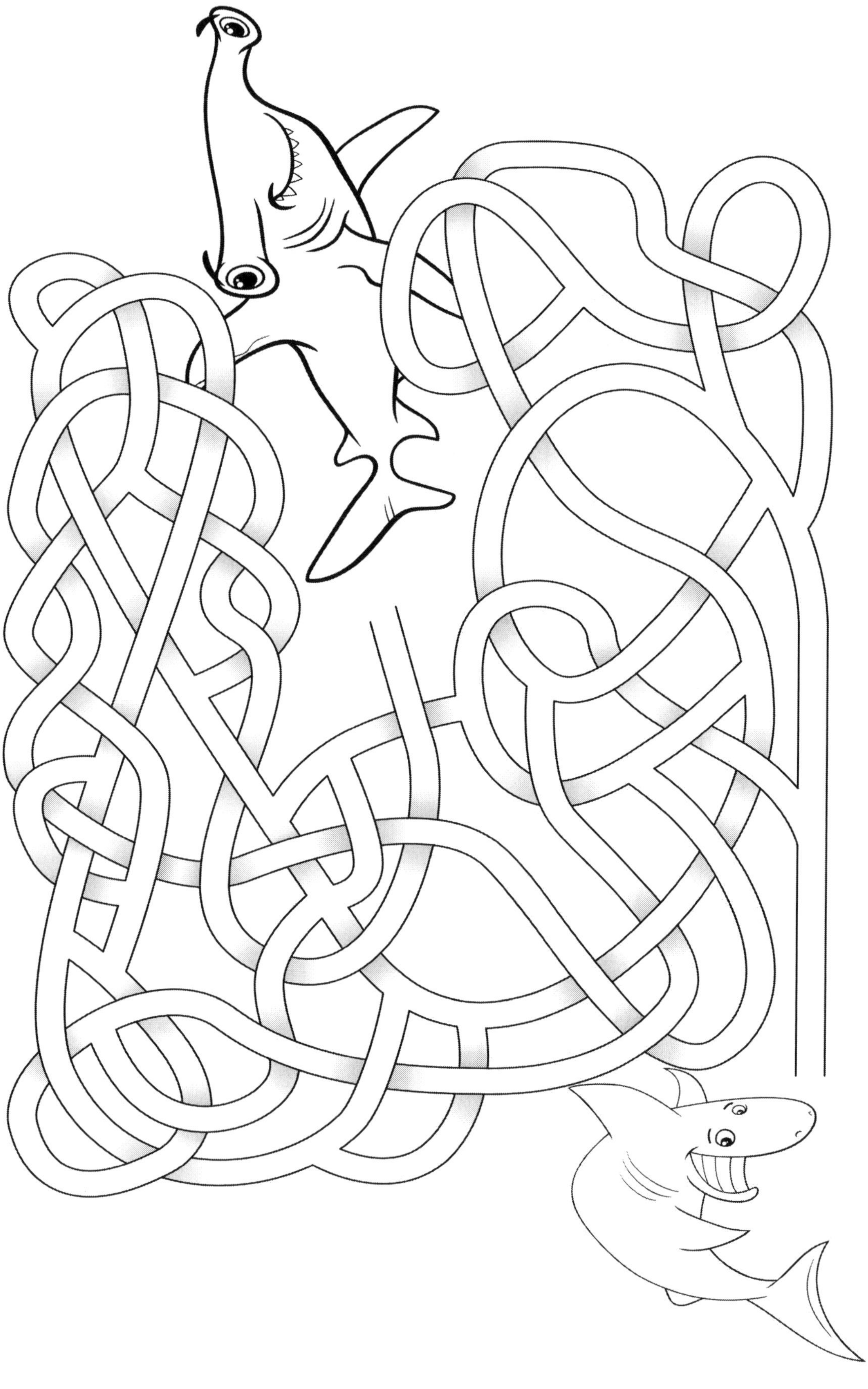

Word Search

```
K I J S L V C C I A K U J I F C Z K
G O B L I N H L S K E G K Z I N S Q
U X C V M V T O A I S R P M A B L K
G H S H A R K W N U R D M I T G A R
N U J Y F P Z N G E W L O X A D N K
A H R T J J B F E O G T Z L N N L I
U N M A O E S I L H V B X H P H E A
A F H O D X H S F M A X A J U H S J
C V R R Q D Z H H V Y C C Z M I N
G O E V T U V X S C S Z I X K Q P N
R J C N O U O P H F K N V D W C P V
H Z Z M F I G J T D N N P C X T J I
```

Find the following words in the puzzle.
Words are hidden → ↓ and ↘ .

ANGELFISH   DOLPHIN   SHARK
BACK   GOBLIN
CLOWNFISH   HUMP

Find the Differences
Answers

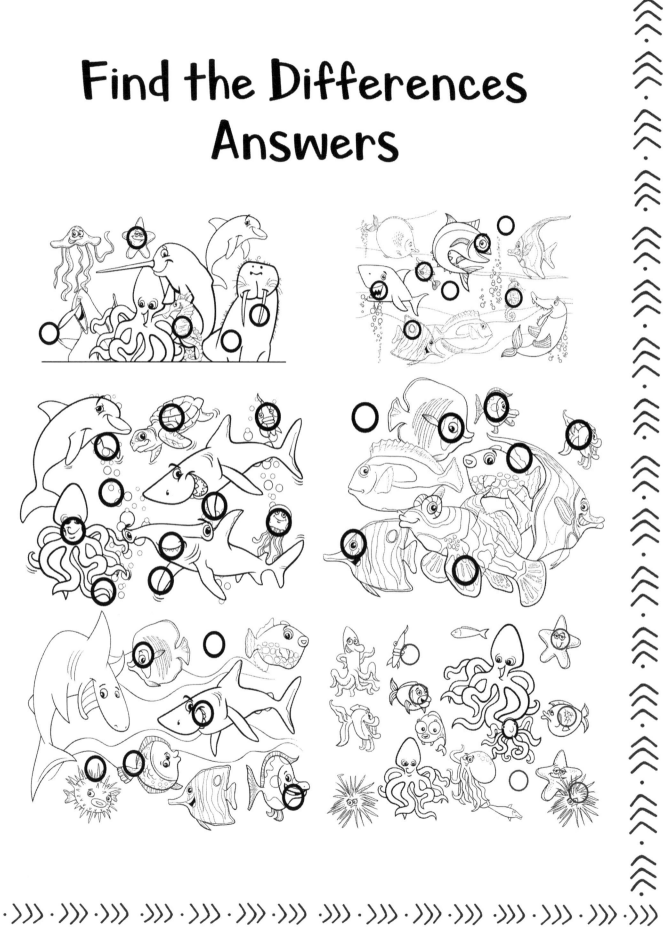

Maze
Answers

Word Search
Answers

Made in the USA
Monee, IL
20 May 2020